BEI GRIN MACHT SICH IHR
WISSEN BEZAHLT

- Wir veröffentlichen Ihre Hausarbeit,
  Bachelor- und Masterarbeit

- Ihr eigenes eBook und Buch -
  weltweit in allen wichtigen Shops

- Verdienen Sie an jedem Verkauf

Jetzt bei www.GRIN.com hochladen
und kostenlos publizieren

Johannes Keller

Der Calvinismus - ein Überblick

GRIN Verlag

Bibliografische Information der Deutschen Nationalbibliothek:

Die Deutsche Bibliothek verzeichnet diese Publikation in der Deutschen National-
bibliografie; detaillierte bibliografische Daten sind im Internet über http://dnb.d-
nb.de/ abrufbar.

Impressum:

Copyright © 2008 GRIN Verlag, Open Publishing GmbH
Druck und Bindung: Books on Demand GmbH, Norderstedt Germany
ISBN: 978-3-640-98499-2

Dieses Buch bei GRIN:

http://www.grin.com/de/e-book/177006/der-calvinismus-ein-ueberblick

Seminar: Persönlichkeitsentwicklung unter den Bedingungen der Moderne

Sozialwissenschaftliche Referenztheorien der Erziehungswissenschaft

Seminarnummer: 3001

Frühjahrestrimester 2008

HELMUT SCHMIDT
UNIVERSITÄT
Universität der Bundeswehr Hamburg

Hamburg, den 23. Juni 2008

Der Calvinismus
-schriftliche Ausarbeitung-

Johannes Keller

SFB 2B- Studienjahrgang 2007

Gliederung:

1. Einführung:

Diese schriftliche Ausarbeitung bezieht sich auf den Calvinismus, welcher im Seminar „Persönlichkeitsentwicklung unter den Bedingungen der Moderne" aufgrund der Auseinandersetzung mit Max Webers „Die protestantische Ethik und der Geist des Kapitalismus" behandelt worden ist. In dieser Arbeit möchte ich als erstes auf den Calvinismus eingehen, deutlich machen, was man darunter versteht und die Hauptmerkmale des Calvinismus hervor heben. Da es den Umfang dieser Arbeit sprengen würde, gehe ich ausschließlich auf den Calvinismus und die Grundidee dessen ein und werde nicht die Lebensgeschichte des Begründers erläutern. Anschließend beziehe ich mich auf Max Weber, der in seiner Arbeit „Die protestantische Ethik und der Geist des Kapitalismus" den Calvinismus nennt und speziell auf ihn eingeht. Abschließend werde ich in meinem Fazit den Calvinismus, wie ihn Weber verstanden hat, mit meiner Definition vergleichen und eventuelle Unterschiede, wie aber auch Gemeinsamkeiten aufzeigen.

2. Der Calvinismus

Der Calvinismus ist auf den aus Frankreich stammenden Reformisten Jean Calvin zurückzuführen (vgl. Rublack U. 2003, S. 145). Er gilt als Begründer des Calvinismus und als wichtigster Reformist neben Martin Luther in der Reformationszeit (vgl. Rublack U. 2003, S. 144). „Er entwickelte eine an der Lebenspraxis orientierte christliche Ethik des guten Maßes und gesellschaftlich zivilen Verhaltens, während Luther die Dramatik und Unausweichlichkeit des trotz aller Bemühungen immer wieder in Sünden zurückfallenden menschlichen Daseins betonte" (Rublack U. 2003, S. 146). Desweiteren galt Calvin als sehr tugendhaft, hatte ein hohes Maß an Integrität, Verlässlichkeit und Aufrichtigkeit (vgl. Rublack U. 2003, S. 149).

Ohne Calvins Aufenthalt in Genf hätte sich der Calvinismus nie so entfaltet, wie er es letztlich doch getan hat (vgl. Rublack U. 2003, S. 153). In Genf konnte er die Legitimationskraft und die Ressourcen lokaler Institutionen zur Durchsetzung seiner Überzeugungen nutzen und seine Ideen verbreiten (vgl. Rublack U. 2003, S. 153). Doch was waren nun seine Überzeugungen? Der Calvinismus galt weniger als eine spezifisch neue protestantische Lehre, als eine erneuerte Glaubensrichtung (vgl. Rublack U. 2003, S. 143). Der Calvinismus stützte sich zwar auf das Luthertum, doch ging er darüber hinaus, indem er noch drastischer die katholischen Traditionen brach, als es das Luthertum tat (vgl. Rublack U. 2003, S. 143). So lehnte Calvin Bildobjekte im Kirchenraum ab und verbannte die Musik außer dem unbegleiteten Psalmengesang (vgl. Rublack U. 2003, S. 143). Darüber hinaus verstand er das Abendmahl anders, als es Luther getan hatte. Das Abendmahl war nach Ansicht Calvins das Zeichen der Gegenwärtigkeit Christi, welche nicht bestimmbar ist und sich deswegen auch nicht in Brot und Wein wiederfinden lässt (vgl. Rublack U. 2003, S. 143).

Der Calvinismus enthält nach heutiger Forschung kein eigenständiges theologisches Grundprinzip, denn meist wählten die Vertreter des Calvinismus und Calvin selber aus bestehenden evangelischen Lehren aus, fassten diese zusammen, radikalisierten Aussagen und versahen sie mit eigenen Akzentuierungen (vgl. Rublack U. 2003, S. 144). Die aber wohl interessanteste und vom Luthertum, aber vor allem von der katholischen Kirche in dieser Hinsicht gänzlich abweichende Einstellung Calvins, bezog sich auf die göttliche Prädestination (vgl. Rublack U. 2003, S. 143). Calvin verstand darunter, dass schon „vor Beginn der Zeit" durch Gott entschieden wurde, welcher Mensch erwählt ist und welcher nicht. Somit gehörte nur ein gewisser Teil der Menschen zu den Erwählten und zu den Kindern Gottes, die nach ihrem Tod in das „ewige Paradies" aufsteigen konnten. Entweder war der einzelne Mensch ein erwählter Christ oder ein verdammter Sünder (vgl. Rublack U. 2003, S. 143). Damit entstand bei den Menschen immer wieder aufkommende Angst und die Frage, ob sie nun erwählt seien oder nicht. Im Gegensatz zum Calvinismus konnte im Katholismus dem Mensch verziehen werden. Er hatte Freiheit in seinem Handeln und konnte durch die erhoffte Gnadengabe Gottes im Nachhinein wieder von den Sünden befreit werden, solang er Buße tat. Calvin stürzte die Menschen mit seiner Theorie und Glaubensrichtung in eine Art Unwissen, doch sollten sich diese nicht in die Abgründe des unbegreiflichen Ratschlusses Gottes stürzen (vgl. Rublack U. 2003, S. 144). Denn wer im Glauben mit Jesus Christus wahrhaft verbunden ist, darf sich ganz sicher sein, dass er zu den Erwählten gehört (vgl. Rublack U. 2003, S. 144). „Eine individuelle Selbstbefragung war nur als traditionelle Rechenschaft über die fromme Aufrichtigkeit wichtig" (Rublack U. 2003, S. 144). Calvin meint hier, dass der Mensch als Individuum aufgrund des ständigen Selbstzweifelns, ob er nun erwählt sei oder nicht, sich ängstlich und verlassen fühlte. Doch gerade dieser Selbstzweifel, Selbstbefragung und die Angst, welche aus der Unwissenheit resultiert, gilt nach Calvin als Epiphänomen, entscheidend waren die gemeinschaftlichen Gottesdienste, Gebete und Abendmahle, die den Glauben stärken sollten. So war das Individuum auf der einen Seite auf sich alleine gestellt, auf der anderen Seite schweißte diese Angst, die Frage, ob man nun „dazu gehört", die Glaubensgemeinschaft zusammen (vgl. Rublack U. 2003, S. 144).

Für Calvin war eine Glaubensgemeinschaft oder eher eine allgemeine Gemeinschaft sehr wichtig. So wurde das Elend der Menschen untereinander geteilt. Doch nicht jeder konnte in dieser Gruppengemeinschaft Mitglied werden. Der Calvinismus entwickelte eine christliche Lebenspraxis, in der die Leidenschaft gezügelt, Vernunft und Gefühl angemessen balanciert und zur Ehre Gottes ausgerichtet waren (vgl. Rublack U. 2003, S. 146). Wer sich nicht dementsprechend verhielt, wurde aus der Gemeinschaft ausgeschlossen. Der Calvinismus war aber keine gefühlskalte und eine überrationalisierte Glaubensgemeinschaft. Gerade Gefühle, Hoffnungen und Ängste machten nach Meinung Calvins den Menschen erst lebendig (vgl. Rublack U. 2003, S. 148). Calvin war also kein sinnfeindlicher Asket. So durfte die Nahrung nicht nur gegessen, sondern auch genossen werden (vgl. Rublack U. 2003, S. 148). Trotzdem verhielt man sich maßvoll, um gerade dann, wenn man Gefühle zeigen, Hoffnungen haben und Genuss empfinden sollte, dies noch intensiver ausführen konnte (vgl. Rublack U. 2003, S. 148). Trotzdem galt der Calvinismus im Gegensatz zum Luthertum oder dem Katholismus als noch asketischer und sittenstrenger. „Calvin verfolgte insgesamt also eine evangelische Spiritualisierung des Ethos maßvollen Verhaltens und des angemessenen Gefühlsausdrucks, deren emotionale und sinnliche Intensitäten fest in die religiöse Praxis eingebunden waren" (Rublack U. 2003, S. 149).

Abschließend hierzu kann man sagen, dass der Calvinismus aufgrund seiner Gemeinschaft ein einzigartiges Gebilde in Europa ab 1555 geschaffen hatte (vgl. Rublack U. 2003, S. 159 - 160). Gerade der Wohlstand, den die gutgestellten Reformierten mit ihren neuen Gewerben, mit Sachkenntnissen, Kapital und guten Wirtschaftsverbindungen in die Glaubensgemeinschaft brachten, war sichtbar (vgl. Rublack U. 2003, S. 160).

Daraus ableitend kommen zwei Fragen auf. Wie gelang es dem Calvinismus zu dem eben beschriebenen Wohlstand zu kommen und zum Anderen, wie entwickelte sich aus der asketischen Lebensweise, wie es Weber beschreibt, der Kapitalismus? Auf die zweite Frage wird später in Punkt 3 eingegangen.

Der Wohlstand, der im Calvinismus herrschte, ist auf das Druckgewerbe und die Seidenspinnerei zurückzuführen. Vor allem diese beiden Luxusgewerbe wurden vom Calvinismus getragen und waren zum damaligen Zeitpunkt wesentliche, wichtige und einflussreiche Gewerbe der Wirtschaft (vgl. Rublack U. 2003, S. 160). Dadurch gelang es dem Calvinismus oder eher den calvinistischen Unternehmern schneller und besser in der Wirtschaft Fuß fassen zu können (vgl. Rublack U. 2003, S. 159).

Max Weber geht auf die asketische Lebensweise des Calvinismus ein und beschreibt mit ihr die Entstehung des Kapitalismus. Er sieht im Kapitalismus wichtige und wesentliche Bestandteile, die auf den Calvinismus zurückzuführen sind. Siehe „Max Weber und der Calvinismus".

3. Max Weber und der Calvinismus

Auch Max Weber beschreibt in „Die protestantische Ethik und der Geist des Kapitalismus" die Gnadenwahl im Calvinismus. Genauso wie in Punkt 2 beschrieben ist für ihn die doppelte Prädestination entscheidend und für den Calvinismus kennzeichnend (vgl. Weber M. 1969, S.122). Gottes Beschluss steht nach Weber fest und kein Mensch, welcher die Gnade Gottes besitzt, kann diese wieder verlieren, bzw. die Gnade Gottes ist für jeden unerreichbar, welchen Gott sie versagt hat (vgl. Weber M. 1969, S. 122). Max Weber beschreibt den Menschen im Calvinismus als vereinsamt und als einzelnes Individuum. Der Mensch war darauf verwiesen, seine Straße einsam zu ziehen, einem von Ewigkeit her feststehenden Schicksal entgegen (vgl. Weber M. 1969, S. 122). „Niemand konnte ihm helfen" (Weber M. 1969, S. 122). Daran schließt sich auch ein wichtiger Satz von Weber an. Er sagt, dass durch den Calvinismus die Welt entzaubert wäre. Damit meint Weber, es fehle das Magische, es gäbe nichts mehr, kein Mittel, um wie im Luthertum die Gnade Gottes zu erlangen, sei es durch Buße oder wie im Katholismus durch die Beichte (vgl. Weber M. 1969, S. 123). Weber nennt das Beispiel des Puritanismus, eine Abspaltung des Calvinismus, der noch schärfer die Ansichten von Jean Calvin ausübte und verinnerlicht hat (vgl. Duden 2007, S. 863). Der Puritanismus hatte nach Weber eine negative Stellung zu allen sinnlich-gefühlsmäßigen Elementen (vgl. Weber M. 1969, S. 123). Für die Katholiken war die Gnade, die durch einen Priester gegeben werden konnte, ein Ausgleichsmittel eigener Unzulänglichkeit zur Vergnügung (vgl. Weber M. 1969, S. 133).

Im Gegensatz zum Katholismus erkennt Weber im Calvinismus, dass dort nun die Gnade Gottes, welche wie schon genannt durch einen Priester erlangt werden konnte, völlig fehlt. Dies führt nach Ansicht Weber zu einem rationaleren Glauben (vgl. Weber M. 1969, S. 134). Desweiteren nennt Weber den Begriff der Werkheiligkeit in Bezug auf den Calvinismus. Er versteht darunter, dass Gott vom Menschen keine einzelnen, guten Werke verlangte, sondern eine auf das Leben bezogene asketische, rationalisierte Einstellung (vgl. Weber M. 1969, S. 133-134). Eben durch das ständige Fragen nach der Erwählung und die daraus resultierende Selbstkontrolle, mündete nach Weber in einer asketischen Lebensweise. Der Mensch kann Gottes Entscheidung der Prädestination nicht verstehen und hinterfragen. Trotzdem ist Weber sich sicher, dass der einzelne Mensch Gewissheit erfahren konnte, indem er durch seine Arbeit, welche er ausübte, feststellte, dass Gott in ihm wirkte (vgl. Weber M. 1969, S. 130). Übte er sie nun gut aus, hatte er keine finanziellen Sorgen oder wie es Weber beschreibt, hatte seine Ausübung der Arbeit eine gewisse Qualität, so konnte der einzelne Mensch die Gemeinschaft Gottes mit den Erwählten erkennen, bzw. erahnen (vgl. Weber M. 1969, S. 130). Denn nur ein Erwählter ist fähig Gottes Ruhm durch wirklich gute Werke zu mehren (vgl. Weber M. 1969, S. 131). Somit ist für Weber entscheidend, dass der

Mensch ausschließlich darauf ausgerichtet war, seine Arbeit und sein Leben so gut wie möglich zu gestalten. Er hatte erstens Angst die Seligkeit wieder verlieren zu können, zweitens versuchte er aber durch sein Handeln und seine Lebensweise Gewissheit über die Gnade Gottes und dessen Entscheidung zu erfahren (vgl. Weber M. 1969, S. 131-132). Der asketische Lebensstil des Calvinisten ist für Weber der Ausgangspunkt für dessen Glauben. Das oberste Ziel ist die Vernichtung der Unbefangenheit des triebhaften Lebensgenusses (vgl. Weber M. 1969, S. 135).

Weber geht aber noch weiter. Nachdem er nun erläutert hat, wie der Mensch im Calvinismus seine Ängste versucht zu umgehen und somit ein rationalisierten Lebensstil für sich selber schafft, beschreibt Weber, dass der Genuss des Reichtums, welcher durch die asketische Lebensweise und das ständige Arbeiten für Gott entstanden ist, eine der schlimmsten Sünden ist (vgl. Weber M. 1969, S. 167). Somit durfte sich nicht ausgeruht werden und der Mensch musste ständig eine rationale Berufsarbeit ausüben, denn grade dies war das von Gott Verlangte (vgl. Weber M. 1969, S. 171). „Der Mensch ist ja nur der Verwalter der durch Gottes Gnade ihm zugewendeten Güter,…" (Weber M. 1969, S. 178). Die Askese ist also nach Meinung Webers verantwortlich, dass der Mensch sich nicht auf seinen Reichtum ausruhte. Viel entscheidender ist aber, dass die Gewinnmaximierung, das Streben nach Gewinn von gottgewollt war und im Calvinismus nach Weber so gedeutet wurde (vgl. Weber M. 1969, S. 179). Dies ist wahrscheinlich auch der Grund für die Entstehung des Kapitalismus oder um es vorsichtiger auszudrücken, Weber will die Wurzeln des Kapitalismus im Calvinismus erkannt haben (vgl. Weber M. 1969, S. 180).

4. Fazit

Wie schon in Punkt 3 angesprochen, ist nach Ansicht Webers der Calvinismus für die Entzauberung der Welt verantwortlich. Dies sehe ich anders. Der Calvinismus, der aus der Reformationszeit hervorgegangen ist und somit zum allgemeinen Protestantismus zählt, kann keinesfalls die Welt entzaubert haben. Gerade durch den Protestantismus oder dem Calvinismus, wie es Ulinka Rublack in „Die Reformation in Europa" bezeichnet, entsteht eine Überzauberrung der Welt. Dies geschah durch die Verstärkung der Antichrist,- Teufels,- Vorsehungs,- und Ewigkeitsvorstellung (vgl. Rublack U. 2003, S. 21). Gerade Letztes muss man auf den Calvinismus beziehen. Durch die Annahme der Menschen, dass Gott schon vor Anbeginn der Zeit festgelegt hat, welcher Mensch zum Erwähltenkreis gehört und wer nicht, entsteht etwas Magisches.

Ich stimme Max Weber zu, wenn er sagt, dass der Calvinismus einen asketischen Lebensstil entstehen ließ. Aber so extrem wie ihn Max Weber bezeichnet, sehe ich ihn nicht. Dies liegt daran, dass der Calvinismus zwar eine „Religion des Anstandes" war, aber trotzdem Gefühle, Emotionen, Hoffnungen und Ängste erlaubte. Gerade diese Tugenden würden einen Menschen erst zum Menschen machen (vgl. Rublack U. 2003, S. 148). Weber legt diese asketische Lebensweise des Calvinismus zu extrem aus. Natürlich durfte der Mensch genießen und sich ausruhen, doch gesittet und nicht zu häufig (vgl. Rublack U. 2003, S. 148-149). Ulinka Rublack beschreibt dies gut in der von Gott dem Menschen geschenkten Nahrung. Gerade hier soll der Mensch genießen! Der Mensch darf beim Genießen nur Gott nicht außer Acht lassen. Er muss dies immer im Geiste des Herrn tun (vgl. Rublack U. 2003, S. 148).

Max Weber beschreibt desweiteren den Menschen im Calvinismus als einzelnes Individuum. Er wäre alleine und keiner könnte ihm helfen. Gerade hier widerspricht sich Weber. Denn erstens beschreibt Jean Calvin, dass der Mensch seiner Ansicht nach zwar aufgrund der Ungewissheit, die durch Gottes Wahl der Erwählten und Nichterwählten gegeben ist, alleine gelassen zu sein scheint, aber dies durch gemeinsames Beten, Gottesdienste und die gemeinsame Stärkung des Glaubens unwichtig und zur Nebensache wird (vgl. Rublack U. 2003, S. 144). So steht der Mensch nicht mehr ganz alleine, wie es Weber beschreibt, sondern teilt sein Leid mit anderen Glaubensjüngern. Hier passt das Sprichwort „geteiltes Leid ist nur halbes Leid". Zweitens müsste der Mensch nach Weber doch eher alleine und isoliert von der Gesellschaft leben, da er sich verloren und hilflos fühlt. Aber wieso steigert er seinen Reichtum immer weiter, ruht sich nicht aus und versucht seinen asketischen Lebensstil fortzuführen? Dies kann nicht nur an der asketischen Lebensweise des Calvinisten oder an der Annahme, dass das ganze Leben des einzelnen Menschen auf der beschrieben Werkheiligkeit beruht, liegen. Um an Reichtum zu gelangen müsste der Mensch mit anderen Menschen Verbindungen eingehen. Um dies anders auszudrücken, der Mensch ist, um Reichtum anzuhäufen, abhängig von anderen Menschen und somit nicht mehr alleine und isoliert, wie es Weber bezeichnet. Nach Webers Ansicht hätte der Mensch durch die entstandene Isolierung eher passiv agieren müssen (Abels, H. 2004, S. 379). Meiner Meinung nach kann der Calvinismus zwar für die Entstehung des Kapitalismus verantwortlich gemacht werden, liegt dies jedoch nicht nur an der asketischen Lebensweise der Calvinisten. Wie schon im Punkt 2 erläutert, bediente sich der Calvinismus an neuen Gewerben, wie das Druckgewerbe (vgl. Rublack U. 2003, S. 160). So hatte der Calvinismus schon hier einen erheblichen Einfluss auf die Wirtschaft im 16. Jahrhundert, was demnach nicht, wie bei Weber auf die asketische Lebensweise zurückzuführen ist.

Betrachtet man in England Nonkonformisten im 17. Jahrhundert, so kommen ähnliche Phänomene zum Vorschein. Nonkonformisten bzw. Dissenter waren Mitglieder der protestantischen Kirche in Großbritannien, die sich von der Staatskirche getrennt haben (vgl.

Duden 2007, S. 241) und als eine Art „Abspaltung" des Puritanismus um 1660 galten (vgl. Greyerz, K. 1994, S. 89). Das Besondere und Interessante liegt nun darin, dass Dissenter um 1660 meist nur in den Bereichen Handel und Industrie beruflichen Erfolg und sozialen Aufstieg erfahren konnten (vgl. Greyerz, K. 1994, S. 91). Viele Gesetze, welche durch Karl II in der Restaurationszeit um 1660 – 1678 eingeführt worden, auf die ich jedoch jetzt nicht näher eingehen werde, machten die Dissenter auf viele Jahre hinaus zur oft diskriminierten Minderheit und zwangen sie in vielen Fällen zum Rückzug aus der Politik in den Handel (vgl. Greyerz, K. 1994, S. 105 – 106). Sehr interessant, da die Nonkonformisten nun ausschließlich im privatwirtschaftlichen Bereich Fuß fassen konnten. Es besteht folglich klar und deutlich eine Verbindung zum Calvinismus, weil die sogenannten Dissenter aus dem Calvinismus bzw. dem Puritanismus hervorgegangen sind. Max Weber betrachtet diese Besonderheit nicht und bezieht sich ausschließlich auf die asketische Lebensweise der Calvinisten, doch gerade die von mir erwähnte Besonderheit könnte meiner Meinung nach ein wichtiger Grund dafür sein, weshalb der Calvinismus wesentlich an der Entstehung des Kapitalismus beteiligt war.

Im Großen und Ganzen sind Gemeinsamkeiten des Calvinismus und der Ansicht durch Max Weber in „Die protestantische Ethik und der Geist des Kapitalismus" zu erkennen. Max Weber richtet sein Augenmerk aber meiner Ansicht nach zu sehr auf die Lebensweise der Calvinisten und macht diese für die Entstehung des Kapitalismus, bzw. für den Geist des Kapitalismus verantwortlich. Zum Schluss bleibt mir nichts anderes übrig, als darauf aufmerksam zu machen, dass Weber noch andere Punkte des Calvinismus hätte betrachten müssen. Er nimmt nur einen Standpunkt ein, bezieht sich ausschließlich auf die typische Askese des Calvinismus und leitet aus dieser seine These ab. Dies reicht aber nicht aus, um eine Verbindung zwischen dem Calvinismus und dem Kapitalismus herzustellen.

5. Literaturverzeichnis

Abels, Heinz: Einführung in die Soziologie. Band 1: Der Blick auf die Gesellschaft.

Wiesbaden: VS Verlag für Sozialwissenschaften, 2004

Duden: Duden. Das Fremdwörterbuch. Mannheim: Bibliographisches Institut & F.A.

Brockhaus AG, 2007

Greyerz, Kaspar: England im Jahrhundert der Revolutionen 1603 – 1714. Stuttgart: Ulmer,

1994

Rublack, Ulinka: Die Reformation in Europa. Frankfurt am Main: Fischer
TaschenbuchVerlag, 2003

Weber, Max: Die protestantische Ethik und der Geist des Kapitalismus. In: Winckelmann,

Johannes (Hg.). Die protestantische Ethik 1. Eine Aufsatzsammlung.

München und Hamburg: Siebenstern Taschenbuch Verlag, ²1969. S. 39 -

190.